Witold Koszela

The Battleship
USS California

The American battleship USS *California* is one of the most famous units of this class that participated in World War II. The ship was built at the Mare Island Navy Yard in Vallejo, California. The keel was laid on October 25, 1916, and the ship was launched on November 20, 1919, and entered service on August 10, 1921.

Initially, it served as the flagship of the Pacific Battleship Fleet. It took part in many exercises and maneuvers of the fleet. It has made countless voyages across the length and breadth of the Pacific, made courtesy visits to foreign fleets, and participated in presidential fleet revues.

In the 20s and 30s of the last century, it also underwent a number of modernizations, which gradually influenced its silhouette and the armament.

When the war in Europe was already underway, *California* still remained in the waters of the Pacific, performing as the flagship of the commander of Task Force I. On December 7, 1941, the day the Japanese attacked Pearl Harbor, the battleship suffered serious damages that resulted in the sinking of the ship and the death of 101 crew members.

Like other ships sunk at Pearl Harbor, the *California* was also lifted from the bottom of the bay and sent for repair. It took place in March 1942, and the works lasted until January 1944.

Since then, the battleship *California* was a completely new unit with a new appearance and incomparably stronger and more modern armament. In May 1944, the ship was restored to service and entered Task Group 52.17, dispatched to the Kwajalein area, from where, after a series of preparations, together with other ships, it set off against the Japanese.

In June, together with the battleship *Tennessee*, it repeatedly participated in the shelling of Japanese fortifications off the coast of Saipan Island in the Marian Islands archipelago.

In July and August, the *California*, together with the aforementioned battleship, also shelled enemy positions on the island of Guam and Tinian Island, almost completely destroying the designated targets.

Later, both ships were sent to Espirito Santo in the New Hebrides, and then a serious collision occurred. On August 23, during the turn, the *Tennessee* struck its bow on the port side of the *California* at the level of the fore main artillery turret.

The damage was serious, and *California* had to be put in the shipyard for repairs until September 10.

Later, both ships carried out further actions against the Japanese. In the second half of September, *California* and *Tennessee* stood near Manus Island, forming part of the Artillery Support Group operating as part of the Southern Invasion Force preparing to land in Luzon.

Soon after, *California*, with a group of battleships: *Tennessee, West Virginia, Maryland Pennsylvania* and *Mississippi*, as well as 9 cruisers and 28 destroyers, became a part of the group directed against Japanese forces with the battleships *Yamashiro* and *Fuso* in the lead, which were dispatched to avert the US invasion.

Ultimately, the Japanese forces were crushed, which was largely due to the battleship *California*.

After the end of operations at Layete, the ship moved to the New Hebrides, and in early 1945 it operated as the flagship of Task Group 77.2 and operated in the Philippines, struggling, among others with frequent kamikaze attacks during which it suffered severe damage.

From July 1945, the ship was part of Task Force 95 and operated in the waters of the East China Sea, and the last combat operation in which the battleship participated was to support the landing of the 6th Army troops on the island of Honshu.

Amerykański pancernik USS *California* to jedna z bardziej znanych jednostek tej klasy, jakie brały udział w II wojnie światowej. Okręt zbudowany został w stoczni Mare Island Navy Yard w Vallejo w stanie Kalifornia. Stępkę położono 25 października 1916 roku, zaś okręt zwodowano 20 listopada 1919 roku, a do służby wszedł 10 sierpnia 1921 roku.

Początkowo pełnił służbę jako jednostka flagowa Floty Pancerników na Pacyfiku. Wielokrotnie brał udział w ćwiczeniach i manewrach floty. Odbył niezliczoną liczbę rejsów, przemierzając Pacyfik wzdłuż i wszerz, składał wizyty kurtuazyjne w zagranicznych flotach oraz brał udział w prezydenckich rewiach floty.

W latach 20. i 30. ubiegłego wieku przeszedł także szereg modernizacji, które stopniowo wpływały na jego sylwetkę i stan uzbrojenia.

Gdy w Europie trwała już wojna, *California* w dalszym ciągu pozostawał na wodach Pacyfiku, pełniąc m.in. funkcję jednostki flagowej dowódcy Task Force I. 7 grudnia 1941 roku, w dniu ataku Japończyków na Pearl Harbor, pancernik odniósł szereg uszkodzeń, które doprowadziły do zatonięcia okrętu i śmierci 101 członków załogi.

Wzorem innych zatopionych w Pearl Harbor okrętów również *California* został podniesiony z dna zatoki i skierowany na remont. Miało to miejsce w marcu 1942 roku, a prace trwały do stycznia 1944 roku.

Od tego czasu pancernik *California* był zupełnie nową jednostką o nowym wyglądzie i nieporównywalnie silniejszym i nowocześniejszym uzbrojeniu. W maju 1944 roku przywrócony do służby okręt wszedł w skład Task Group 52.17, wysłanej w rejon Kwajalein, skąd po serii przygotowań wraz z innymi okrętami ruszył do działań przeciwko Japończykom.

W czerwcu razem z pancernikiem *Tennessee* wielokrotnie uczestniczył w ostrzale japońskich umocnień u wybrzeży wyspy Saipan leżącej w archipelagu Wysp Mariańskich.

W lipcu i sierpniu *California* wraz ze wspomnianym wcześniej pancernikiem ostrzeliwał także wrogie pozycje na wyspie Guam oraz wyspie Tinian, niemal doszczętnie rujnując wyznaczone cele.

Później oba okręty zostały wysłane w kierunku Espirito Santo na Nowych Hebrydach i wtedy też doszło do poważnej kolizji. 23 sierpnia podczas wykonywania zwrotu *Tennessee* uderzył dziobem w lewą burtę *Californii* na wysokości dziobowej wieży artylerii głównej.

Uszkodzenia były poważne, przez co *California* musiał stanąć w stoczni na trwający do 10 września remont.

Później oba okręty realizowały dalsze działania przeciwko Japończykom. W drugiej połowie września *California* i *Tennessee* stanęły w pobliżu wyspy Manus, stanowiąc część Grupy Wsparcia Artyleryjskiego działającej w ramach Południowych Sił Inwazyjnych przygotowujących się do lądowania na Luzonie.

Niedługo później *California* wraz grupą pancerników: *Tennessee, West Virginia, Maryland, Pennsylvania* i *Mississippi* oraz 9 krążownikami i 28 niszczycielami wszedł w skład zespołu skierowanego przeciwko japońskim siłom z pancernikami *Yamashiro* i *Fuso* na czele, które wysłane zostały celem zapobieżenia amerykańskiej inwazji.

Ostatecznie siły japońskie zostały rozgromione, do czego w znacznym stopniu przyczynił się m.in. pancernik *California*.

Po zakończeniu działań pod Layete okręt przeszedł na Nowe Hebrydy, a na początku 1945 roku działał jako jednostka flagowa Task Group 77.2 i operował w rejonie Filipin, zmagając się m.in. z częstymi atakami kamikaze, podczas których odniósł poważne uszkodzenia.

Od lipca 1945 roku okręt wchodził w skład Task Force 95 i operował na wodach Morza Wschodnio-Chińskiego, a ostatnią operacją bojową, w jakiej uczestniczył pancernik, było wsparcie lądowania oddziałów 6 Armii na wyspie Honsiu.

The Battleship USS California • Witold Koszela
First edition / Wydanie pierwsze • LUBLIN 2020 • ISBN 978-83-66673-09-0

Text / Tekst: **Witold Koszela** • Translation / Tłumaczenie: **Stanisław Powała-Niedźwiecki**
• Color profiles / Plansze barwne: **Witold Koszela** • Scale drawings / Rysunki techniczne: **Witold Koszela** • Design: **KAGERO STUDIO**

Distribution / Dystrybucja: Kagero Publishing • www.kagero.pl • e-mail: kagero@kagero.pl, marketing@kagero.pl
Editorial Office, Marketing / Redakcja, Marketing: Kagero Publishing, ul. Akacjowa 100, os. Borek, Turka, 20-258 Lublin 62, Poland, phone/fax +48 81 501 21 05

After the end of hostilities, the *California* operated for a short time in the Indian Ocean, after which it was recalled to the country.

On August 7, 1946, the ship was transferred to the reserve. Deprived of some equipment and preserved, it stood idle for the next years, and finally on March 1, 1959, it was sold for scrap. The Boston Metals Company of Baltimore, Maryland, took care of its demolition, and the last work was completed in the summer of 1960.

Battles stars

Pearl Harbor – Midway – December 1941

Marian operations:

– support for the attack on Saipan – June 1944

– support for the attack on Tinian– July–August 1944

–support for the attack on Guam – August 1944

Operation Layete – November 1944

Operation Luzon – January 1945

Operation Okinawa – June 1945

Operations against Japanese mother islands – June–August 1945

Tactical and technical data (as of 1944)

Tactical number	BB-44
Type	Tennessee
Shipyard	Mare Island Navy Yard in Vallejo, California
Date of keel laying	October 25, 1916
Date of launching	November 20, 1919
Date of entry into service	August 10, 1921
Date of decommissioning	February 14, 1947
Standard displacement	37 000 t
Full displacement	40 500 t
Overall length	190,4 m
Width	34,8 m
Maximum draft	10,7 m
Drive	8 boilers, 2 steam turbines with a capacity of 30 900 HP
Maximum speed	19 knots
Fuel reserve	4 893 tons of diesel oil
Range	6 400 NM at a speed of 19 knots; 9 200 NM at 15 knots speed.
Armament 1944	12 (4 × II) 356 mm guns 16 (8 × II) 127 mm guns 40 (10 × IV) 40 mm guns 49 (49 × I) 20 mm guns
Armament 1945	12 (4 × II) 356 mm guns, 16 (8 × II) 127 mm guns, 56 × 40 mm cannons 60 × 20 mm cannons
Armor	203–356 mm sides, 102 + 127 mm decks, 229–406 mm post command, artillery towers: 457 mm front, 127 mm top, 229 mm sides, 330–356 barbets
Aviation equipment 1944	2 × Vought OS2U *Kingfisher*
Aviation Equipment 1945	2 × Curtiss SC1 *Seahawk*
Crew	1480–2175 officers and sailors

Po zakończeniu działań wojennych *California* operował jeszcze krótko na Oceanie Indyjskim, po czym został odwołany do kraju.

7 sierpnia 1946 roku okręt przeniesiono do rezerwy. Pozbawiony części wyposażenia i zakonserwowany stał bezczynnie przez kolejne lata, by ostatecznie 1 marca 1959 roku zostać sprzedany na złom. Jego rozbiórką zajęła się firma Boston Metals Company z Baltimore ze stanu Maryland, a ostatnie prace zakończono latem 1960 roku.

Stoczone bitwy

Pearl Harbor – Midway – grudzień 1941 roku

Operacje mariańskie:

– wsparcie ataku na Saipan – czerwiec 1944 roku

– wsparcie ataku na Tinian – lipiec-sierpień 1944 roku

– wsparcie ataku na Guam – sierpień 1944 roku

Operacja Layete – listopad 1944 roku

Operacja Luzon – styczeń 1945 roku

Operacja Okinawa – czerwiec 1945 roku

Operacje przeciwko japońskim wyspom macierzystym – czerwiec–sierpień 1945 roku

Podstawowe dane taktyczno-techniczne (stan na 1944 rok)

Numer taktyczny	BB-44
Typ	Tennessee
Stocznia	Mare Island Navy Yard w Vallejo, Kalifornia
Data położenia stępki	25 października 1916 r
Data wodowania	20 listopada 1919 r
Data wejścia do służby	10 sierpnia 1921 r
Data wycofania ze służby	14 lutego 1947 r
Wyporność standardowa	37 000 t
Wyporność pełna	40 500 t
Długość całkowita	190,4 m
Szerokość	34,8 m
Zanurzenie maksymalne	10,7 m
Napęd	8 kotłów, 2 turbiny parowe o mocy 30 900 KM
Prędkość maksymalna	19 w
Zapas paliwa	4 893 t oleju napędowego
Zasięg	6 400 Mm przy prędkości 19 w; 9 200 Mm przy prędkości 15 w
Uzbrojenie 1944	12 (4 x II) armat kal. 356 mm 16 (8 x II) armat kal. 127 mm 40 (10 x IV) armat kal. 40 mm 49 (49 x I) armat kal. 20 mm
Uzbrojenie 1945	12 (4 x II) armat kal. 356 mm, 16 (8 x II) armat kal. 127 mm, 56 armat kal. 40 mm, 60 armat kal. 20 mm
Opancerzenie	203-356 mm burty, 102+127 mm pokłady, 229-406 mm stanowisko, dowodzenia; wieże artyleryjskie: 457 mm przód, 127 mm góra, 229 mm boki, 330-356 barbety
Wyposażenie lotnicze 1944 r	2 x Vough OS2U *Kingfisher*
Wyposażenie lotnicze 1945 r	2 x Curtiss SC1 *Seahawk*
Załoga	1480 – 2175 oficerów i marynarzy

TOPDRAWINGS

Drawings / rysował © Witold Koszela

USS California

Simplified longitudinal cross-section of USS *California* as of 1944
Uproszczony przekrój wzdłużny pancernika USS *California* wg stanu na rok 1944

Scale/Skala 1:700

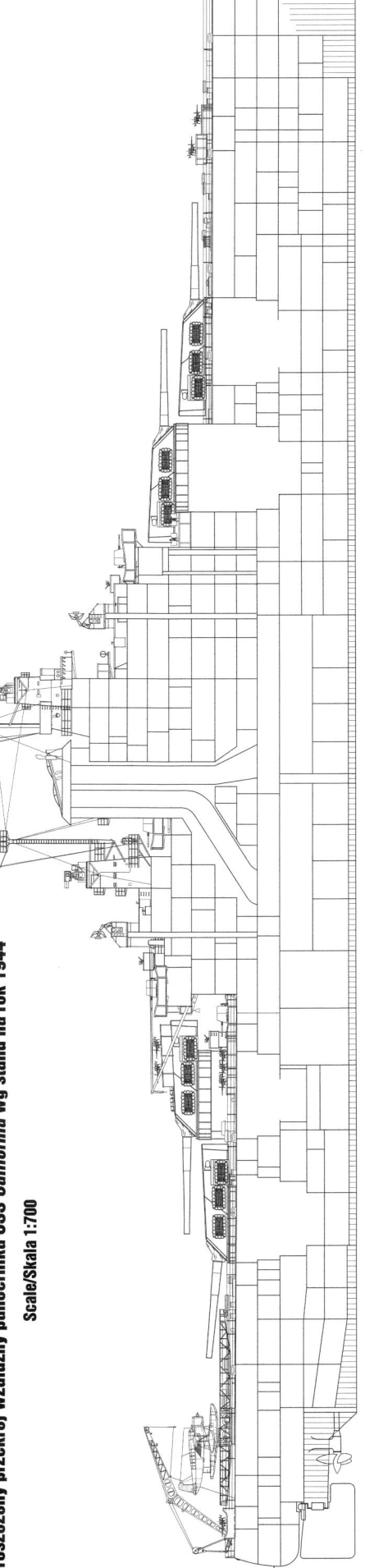

Battleship's bow section as of 1944
Część dziobowa pancernika wg stanu na rok 1944

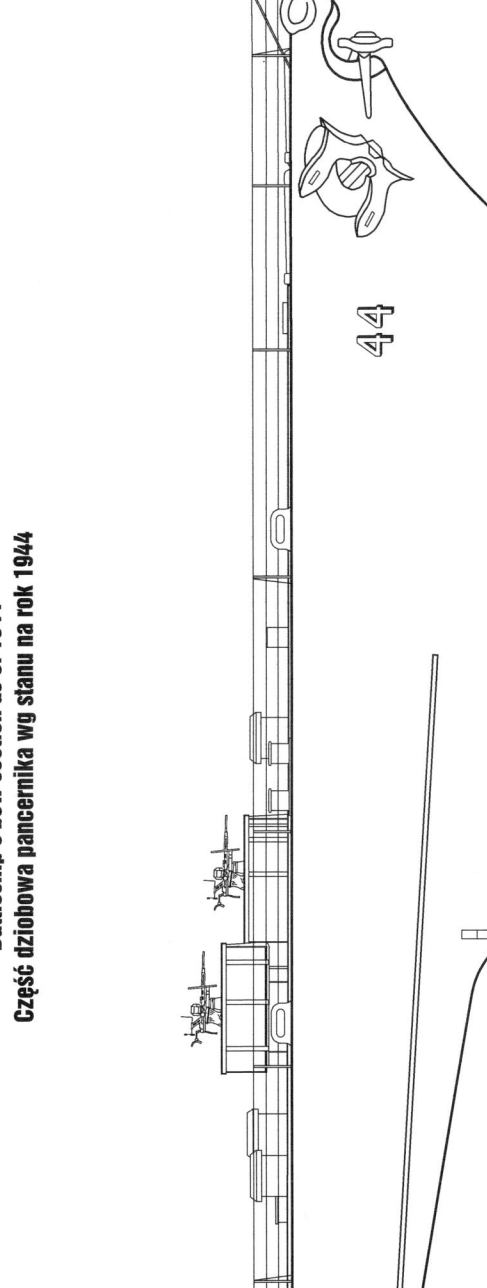

44

Starboard view/
Widok z prawej burty

Scale/Skala 1:200

www.kagero.eu
www.shop.kagero.pl

USS California

TOPDRAWINGS
Drawings / rysował © Witold Koszela

Hull's transverse section
Przekroje poprzeczne

Sheet/Arkusz 2

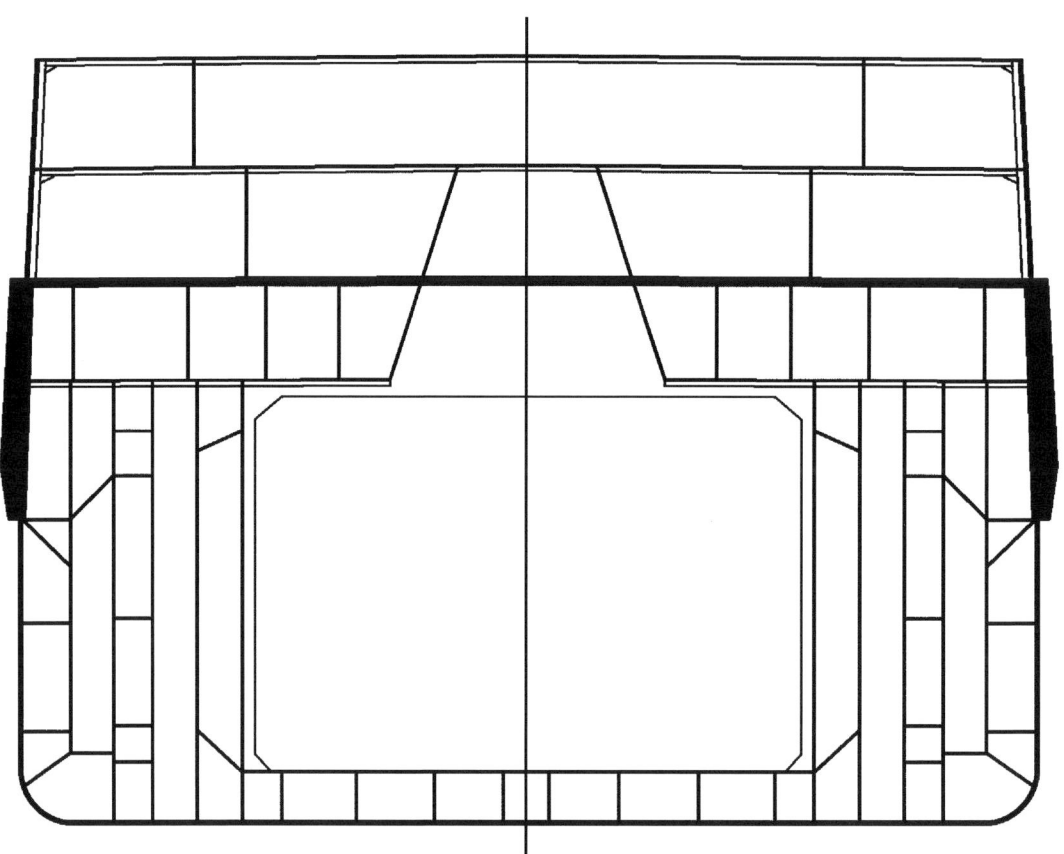

Battleship's hull transverse cross-section before modernization
Kadłub pancernika w przekroju poprzecznym przed modernizacją

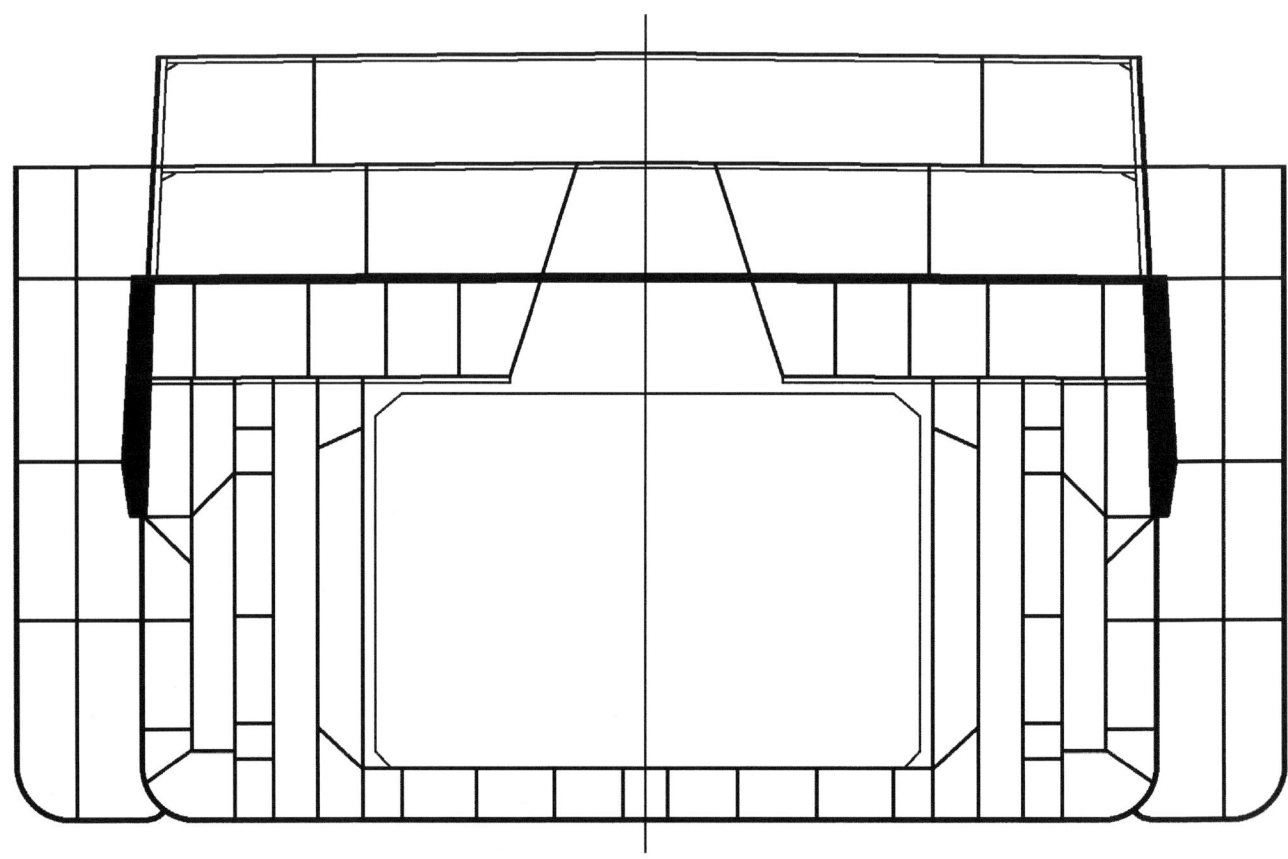

Battleship's hull transverse cross-section after modernization
Kadłub pancernika w przekroju poprzecznym po modernizacji

USS California

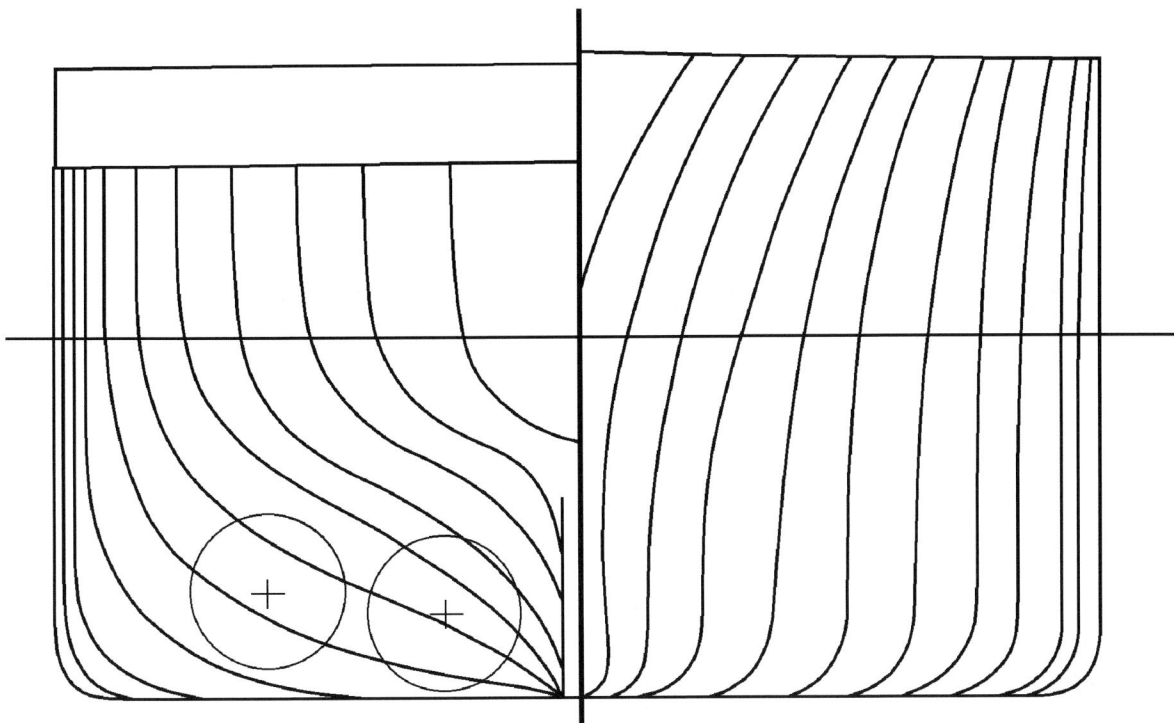

Hull frames cross-sections before modernization
Przekroje wręgowe kadłuba przed modernizacji

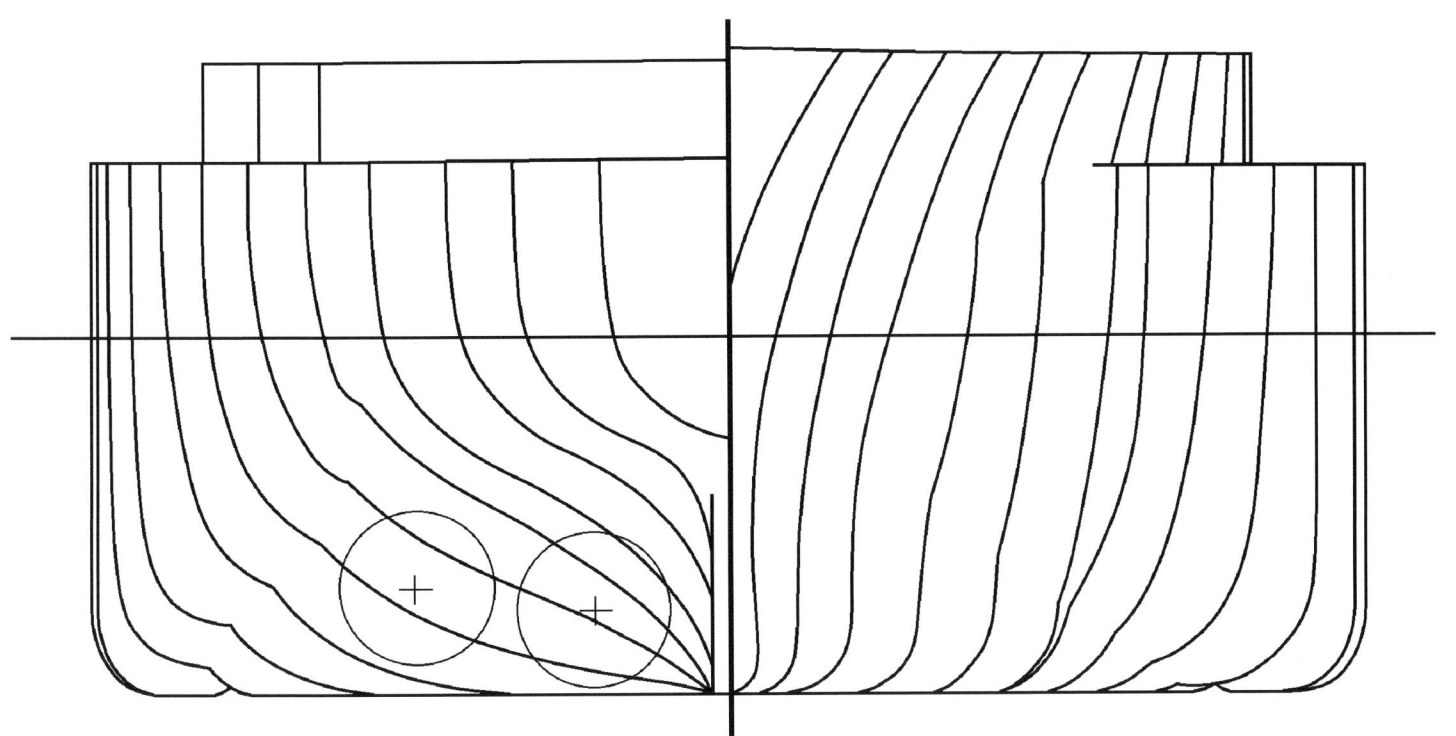

Hull frames cross-sections after modernization
Przekroje wręgowe kadłuba po modernizacji

Battleship's bow section as of 1944
Część dziobowa pancernika wg stanu na rok 1944

Top view
Widok z góry

Bow section, rudder and propellers
Część rufowa, ster i śruby napędowe

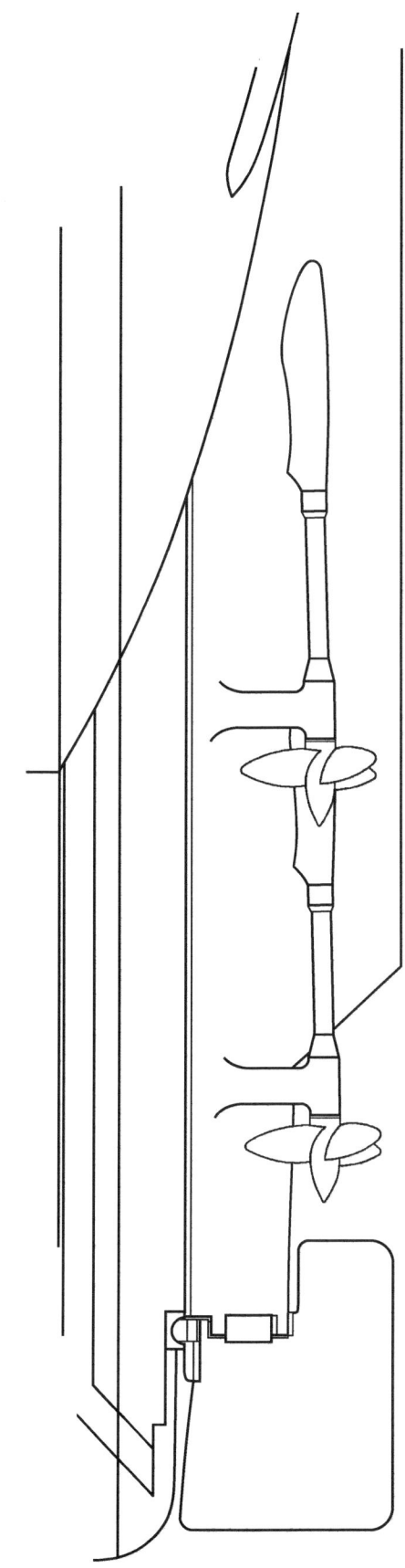

TOPDR▲WINGS
Drawings / rysował © Witold Koszela

USS California

Scale/Skala 1:200

www.kagero.eu
www.shop.kagero.pl

Main superstructure as of 1944, starboard view
Nadbudówka główna według stanu na 1944 rok, widok z prawej burty

TOPDRAWINGS
Drawings / rysował © Witold Koszela

USS California

Main superstructure – level 01, 1944
Nadbudowa główna poziom 01, rok 1944

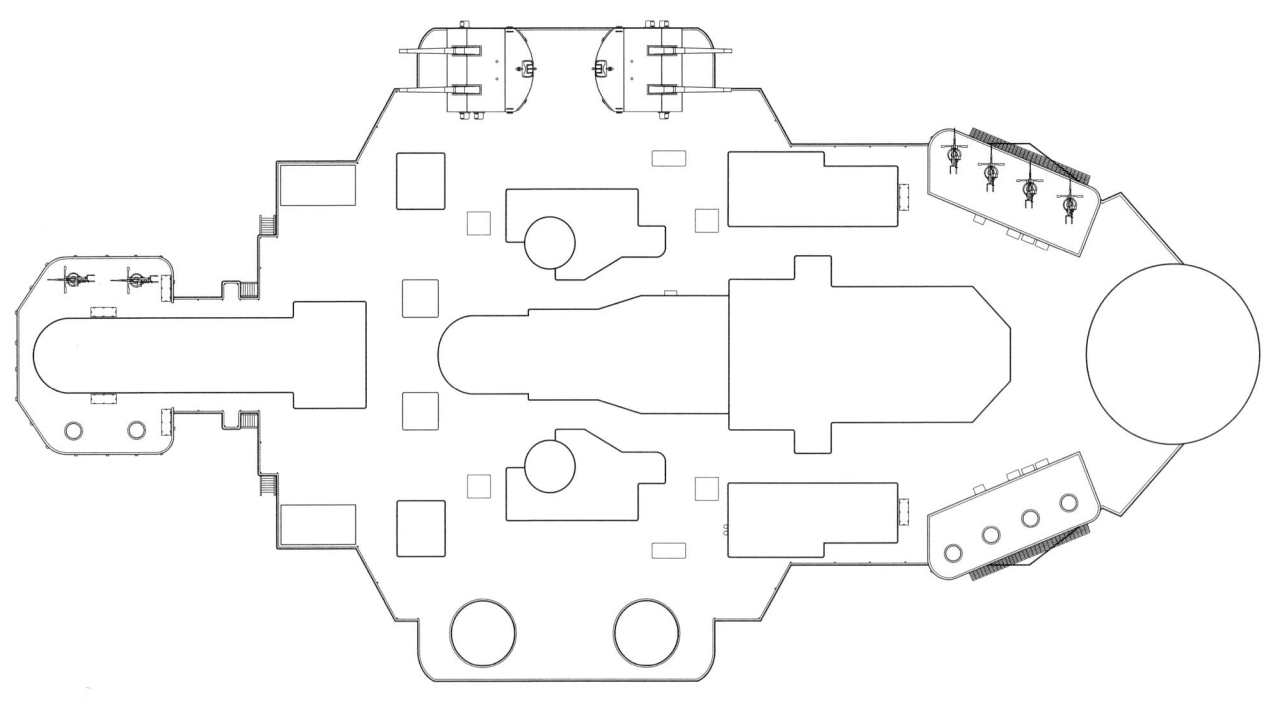

Top view
Widok z góry

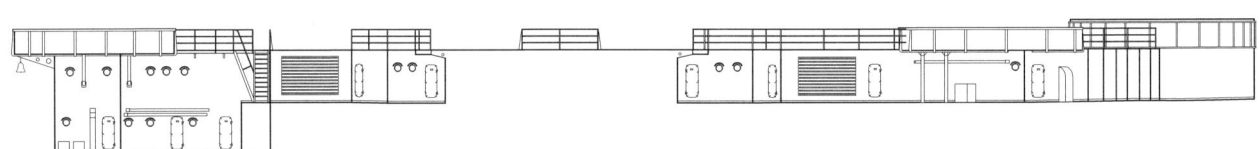

Starboard view
Widok z prawej burty

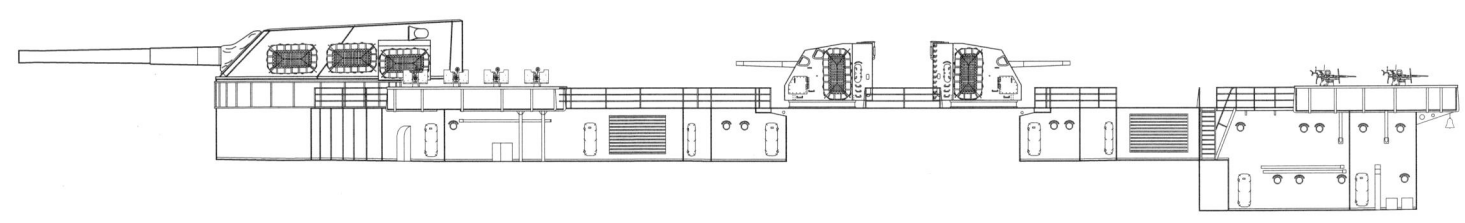

Port side view
Widok z lewej burty

www.kagero.eu
www.shop.kagero.pl

Scale/Skala 1:400

Main superstructure – level 01, 1944
Nadbudowa główna poziom 01, rok 1944

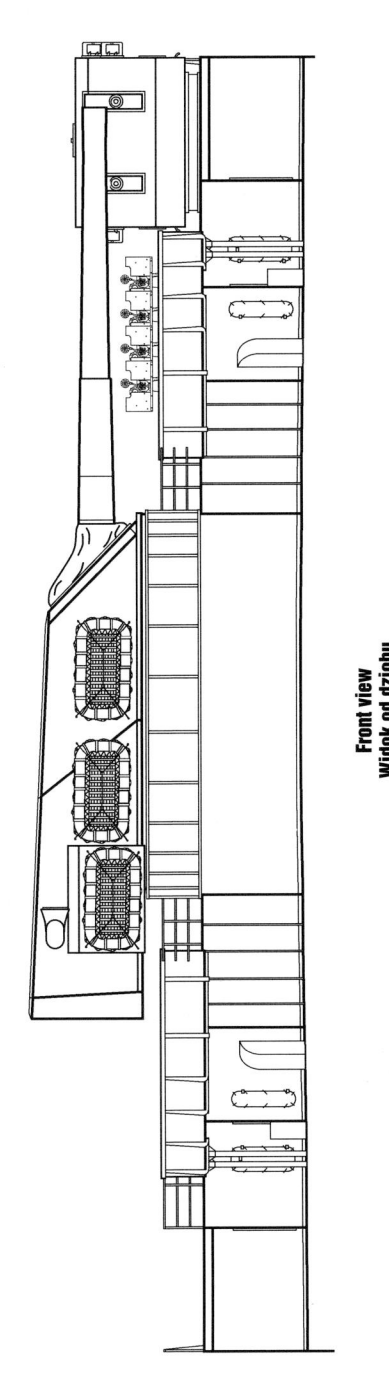

Front view
Widok od dziobu

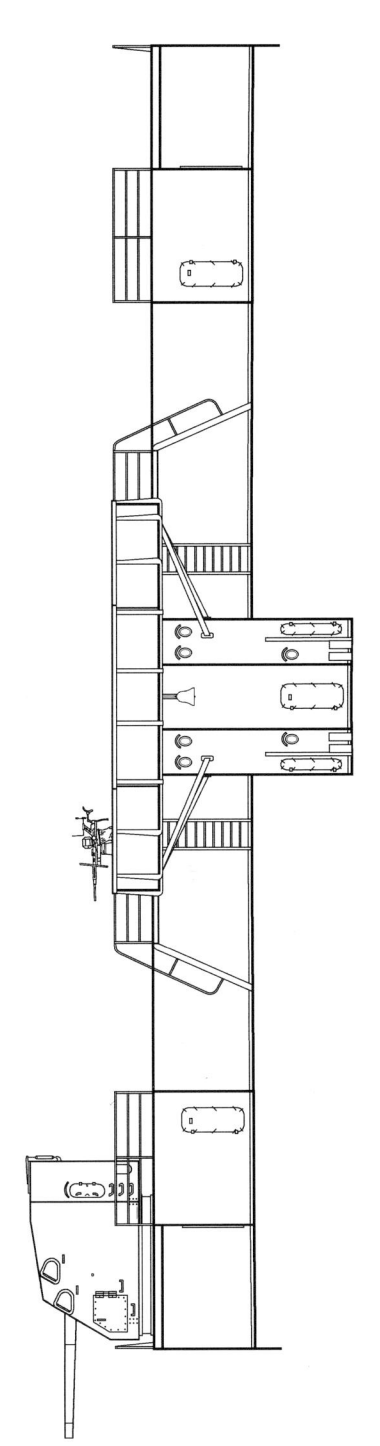

Rear view
Widok od rufy

TOPDRAWINGS
Drawings / rysował © Witold Koszela
USS California

www.kagero.eu
www.shop.kagero.pl

Scale/Skala 1:200

Main superstructure – artillery and AA fire control stations level, 1944
Nadbudówka główna, poziom stanowisk kierowania ogniem i uzbrojenia plot, rok 1944

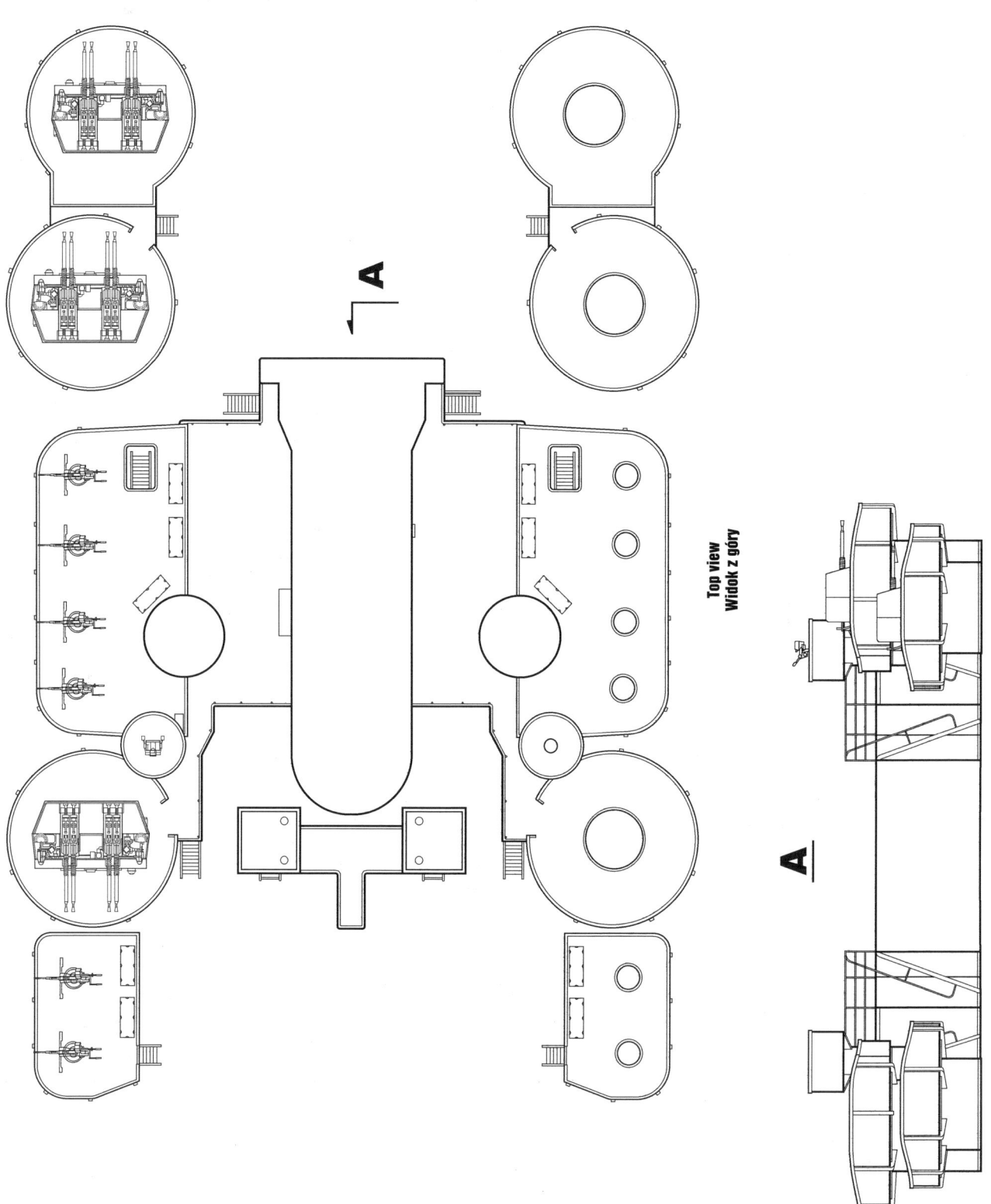

Top view
Widok z góry

A

A

TOPDRAWINGS
Drawings / rysował © Witold Koszela

USS California

Scale/Skala 1:200

www.kagero.eu
www.shop.kagero.pl

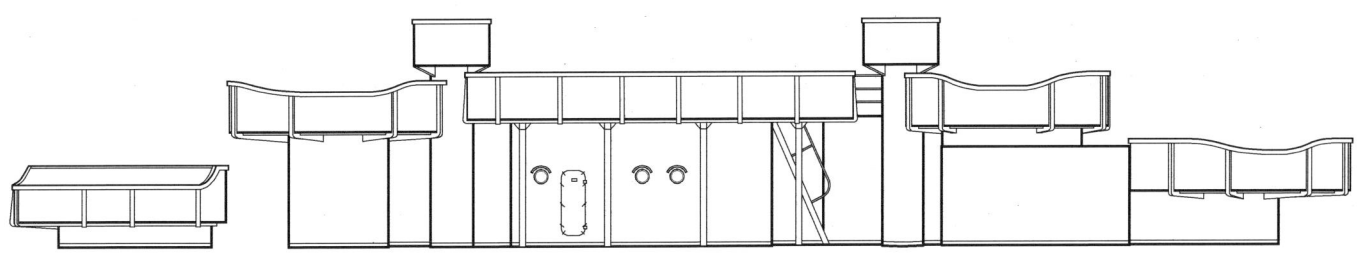

Starboard view
Widok z prawej burty

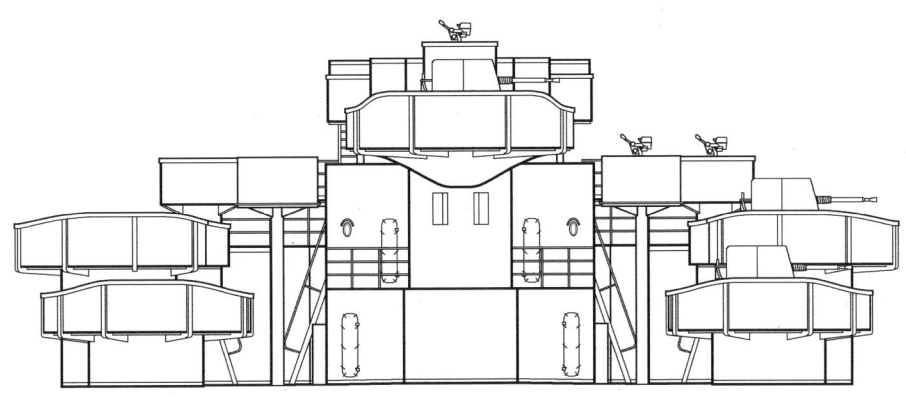

Front view
Widok od dziobu

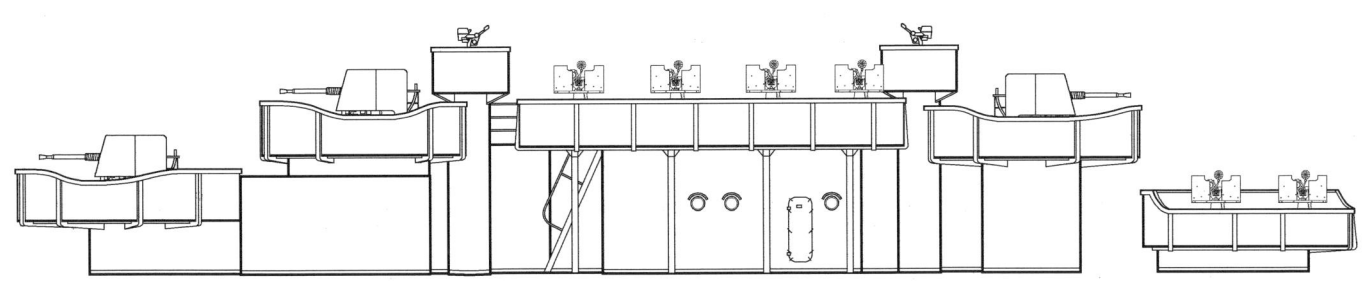

Port side view
Widok z lewej burty

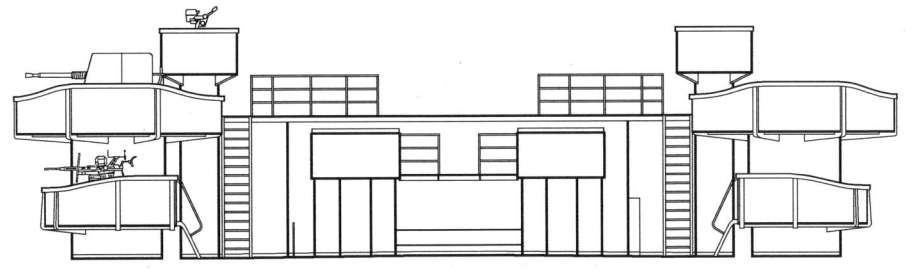

Rear view
Widok od rufy

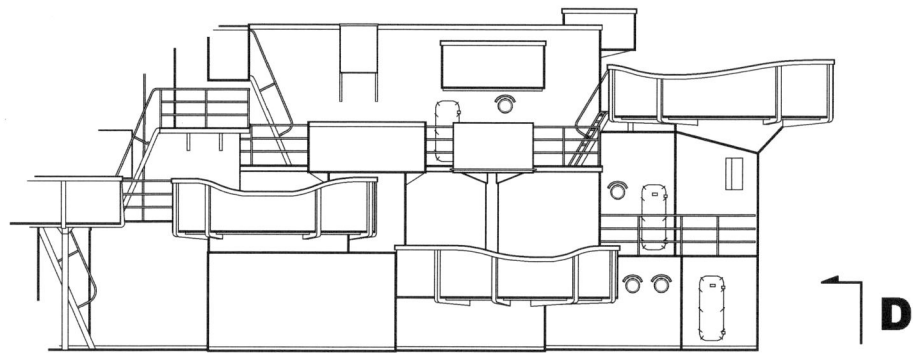

Part of structures in front of command tower
Część zabudowy przed wieżą dowodzenia

D

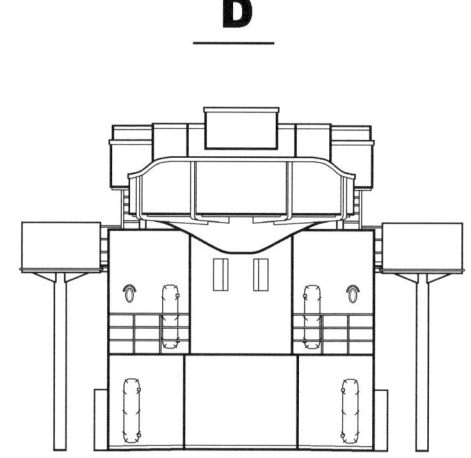

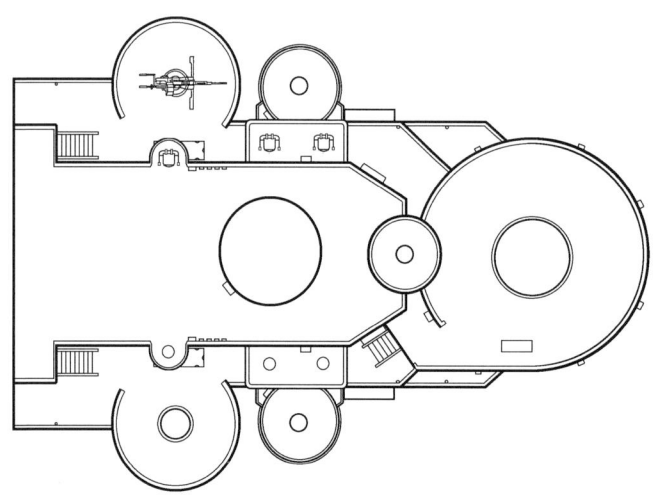

Top view
Widok z góry

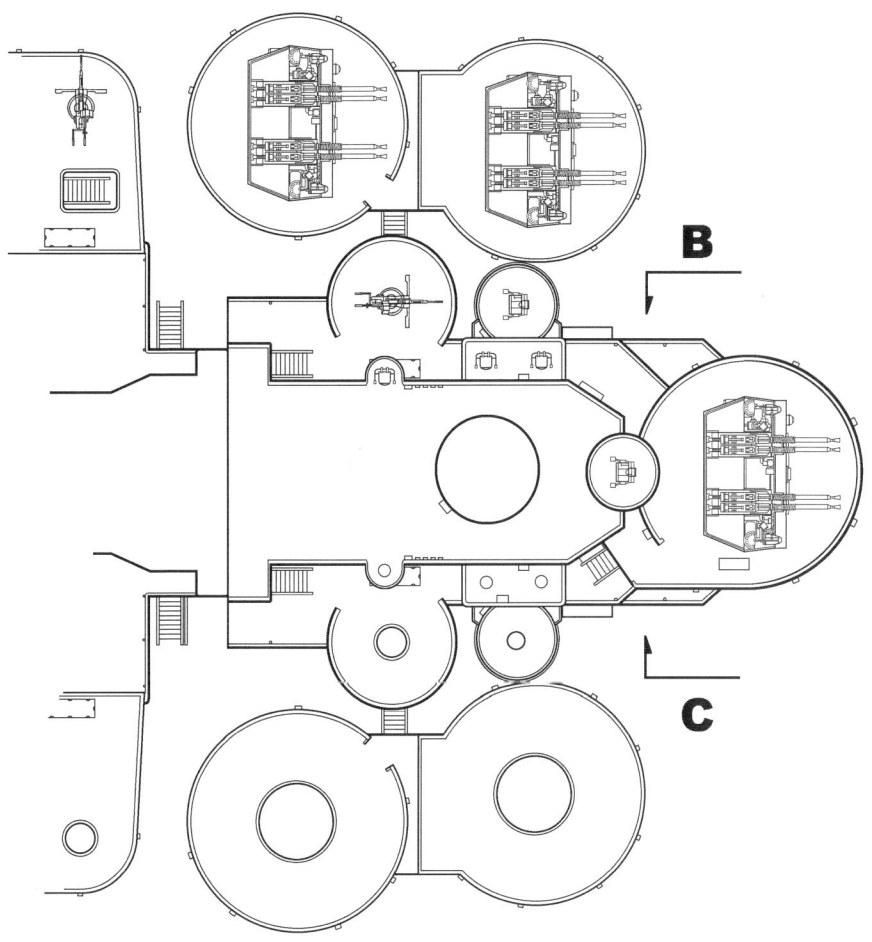

Part of structures in front of command tower, top view
Część zabudowy przed wieżą dowodzenia, widok z góry

B

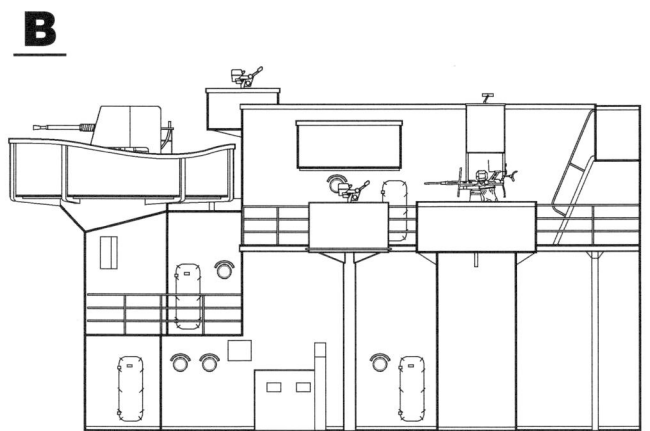

C

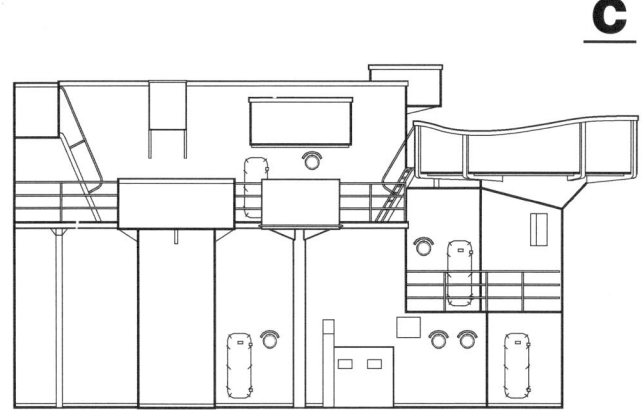

Base of the command tower with funnel
Podstawa wieży dowodzenia z częścią kominową

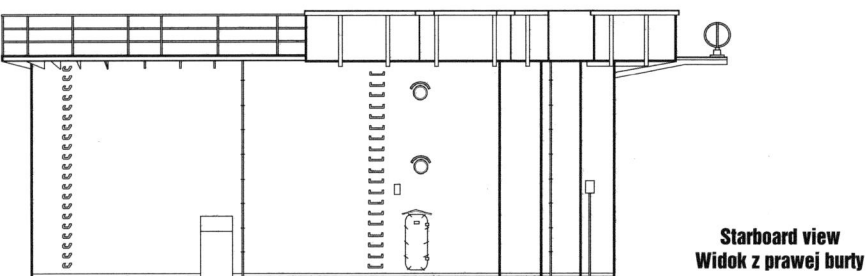

Starboard view
Widok z prawej burty

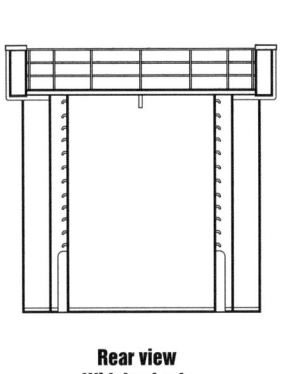

Rear view
Widok od rufy

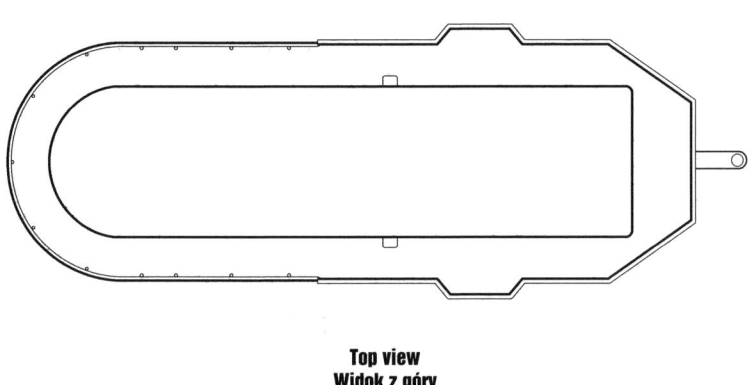

Top view
Widok z góry

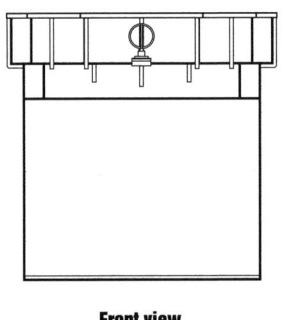

Front view
Widok od dziobu

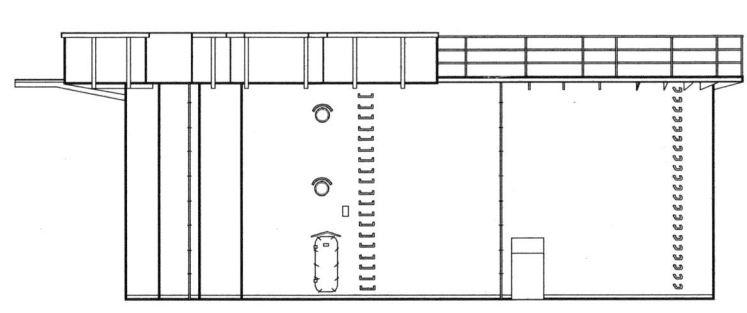

Port side view
Widok z lewej burty

USS California

Command tower, centre section with funnel
Wieża dowodzenia, część środkowa z częścią komina

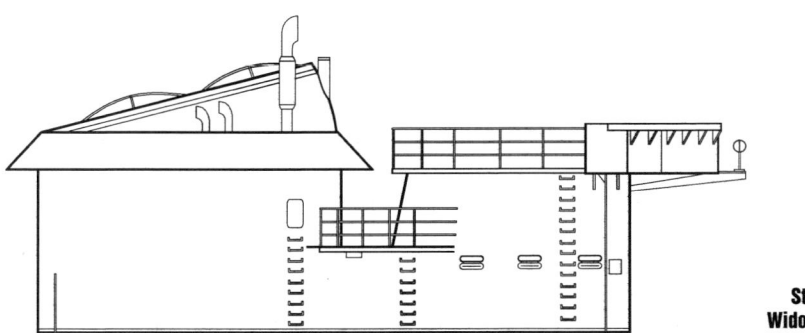

Starboard view
Widok z prawej burty

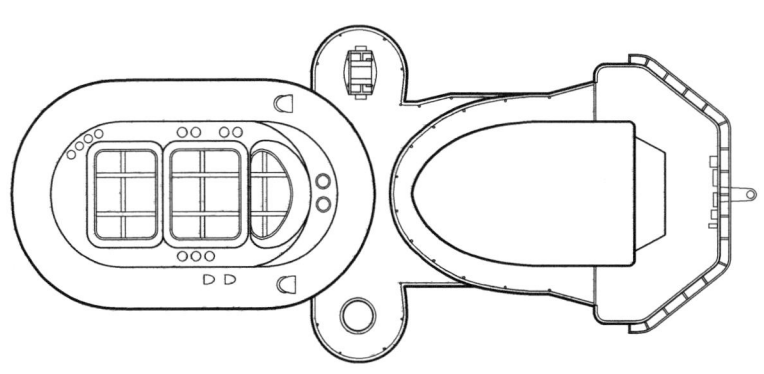

Top view
Widok z góry

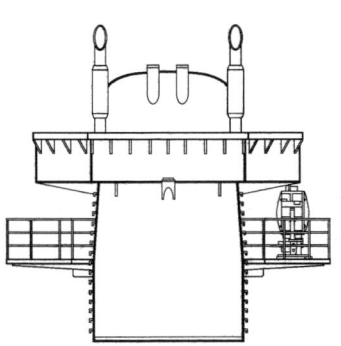

Front view
Widok od dziobu

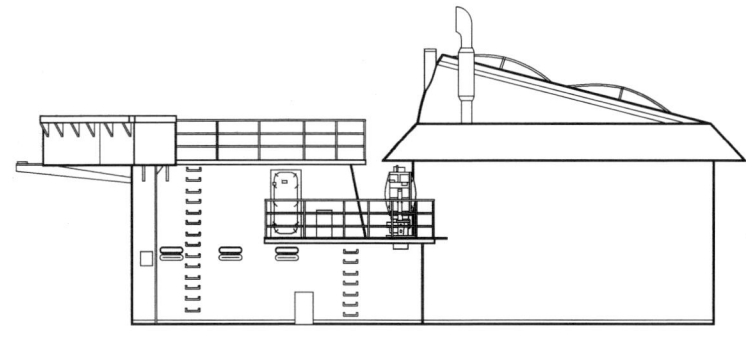

Port side view
Widok z lewej burty

www.kagero.eu
www.shop.kagero.pl

Scale/Skala 1:200

Command tower, top section
Wieża dowodzenia, część szczytowa

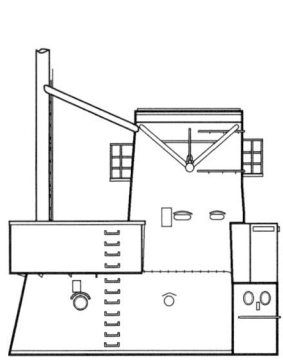

Starboard view
Widok z prawej burty

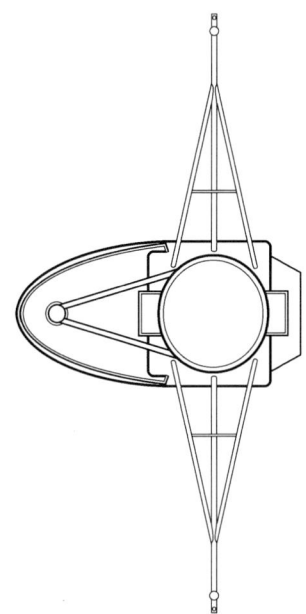

Top view
Widok z góry

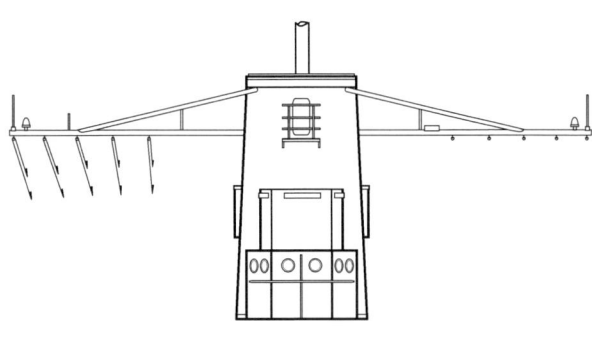

Front view
Widok od dziobu

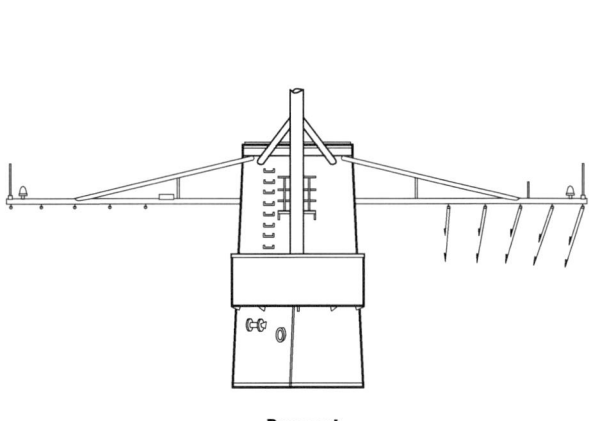

Rear part
Widok od rufy

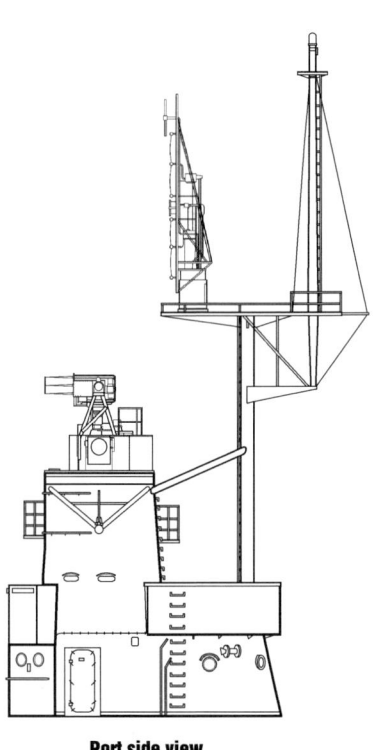

Port side view
Widok z lewej burty

USS California

TOPDRAWINGS
Drawings / rysował © Witold Koszela

Command tower as of 1945, port side view
Wieża dowodzenia wg stanu na rok 1945, widok z lewej burty

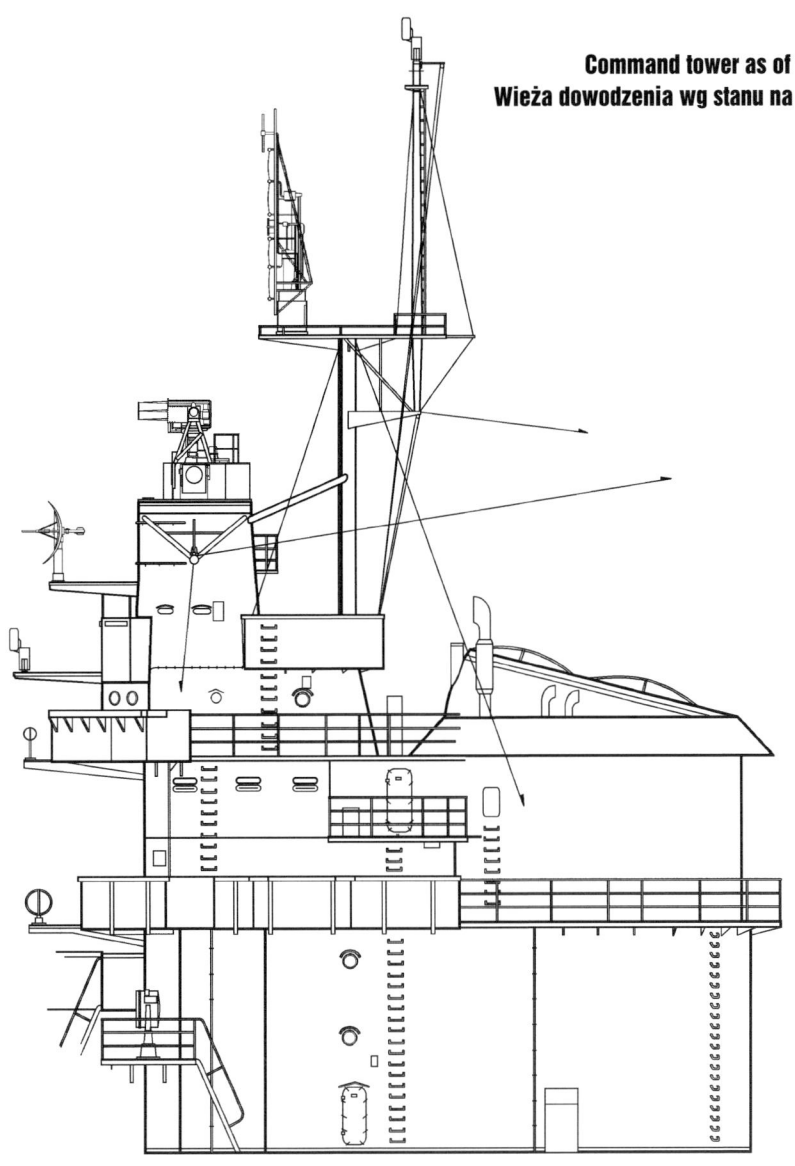

Stern superstructure as of 1945, starboard view
Nadbudówka rufowa wg stanu na rok 1945, widok z prawej burty

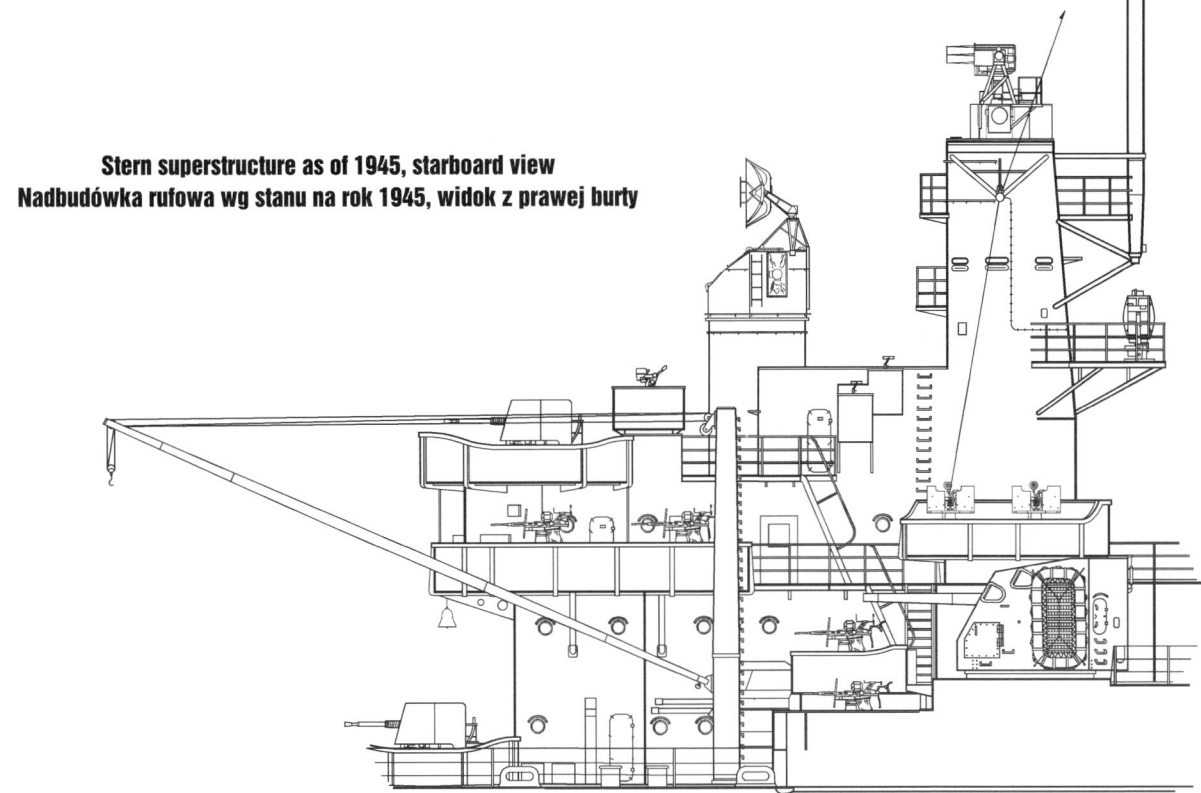

Stern superstructure as of 1944
Nadbudówka rufowa wg stanu na rok 1944

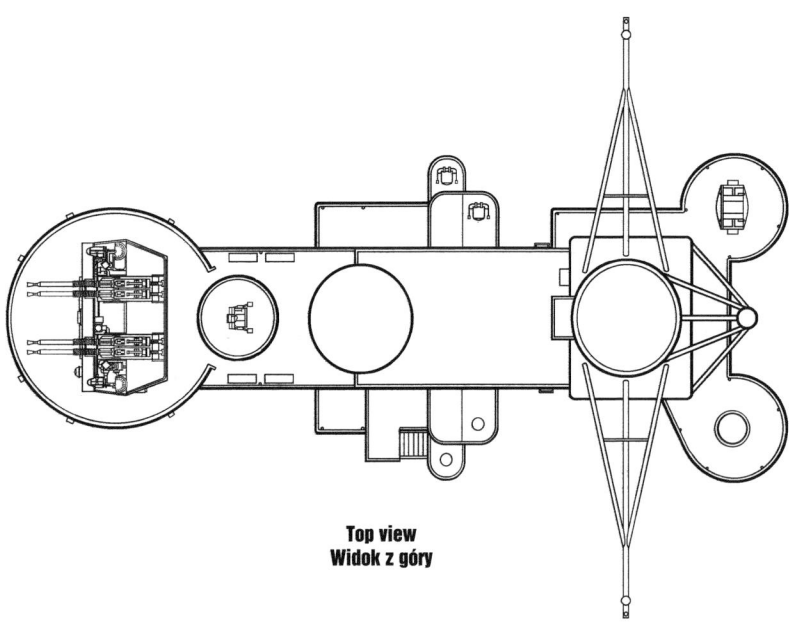

Top view
Widok z góry

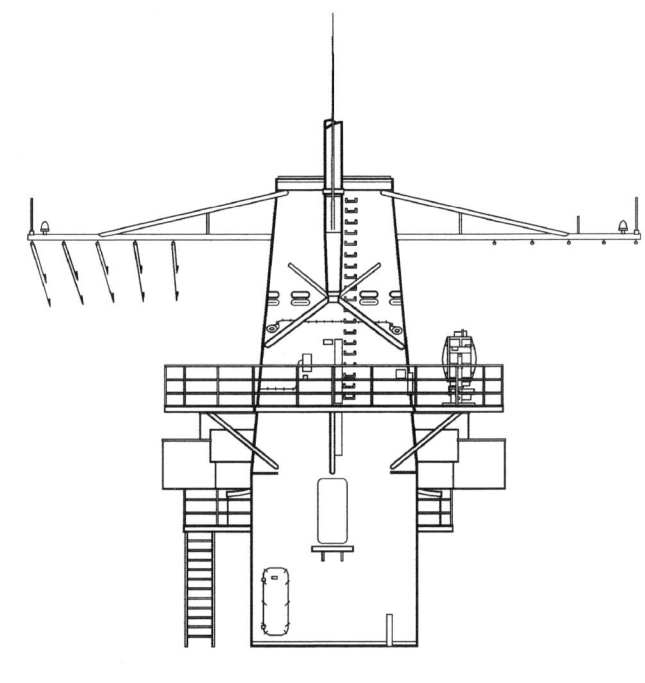

Front view
Widok od dziobu

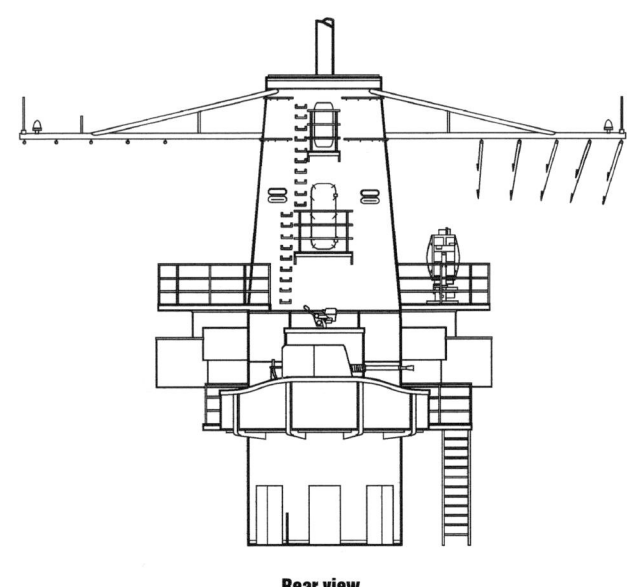

Rear view
Widok od rufy

TOPDRAWINGS
Drawings / rysował © Witold Koszela

USS California

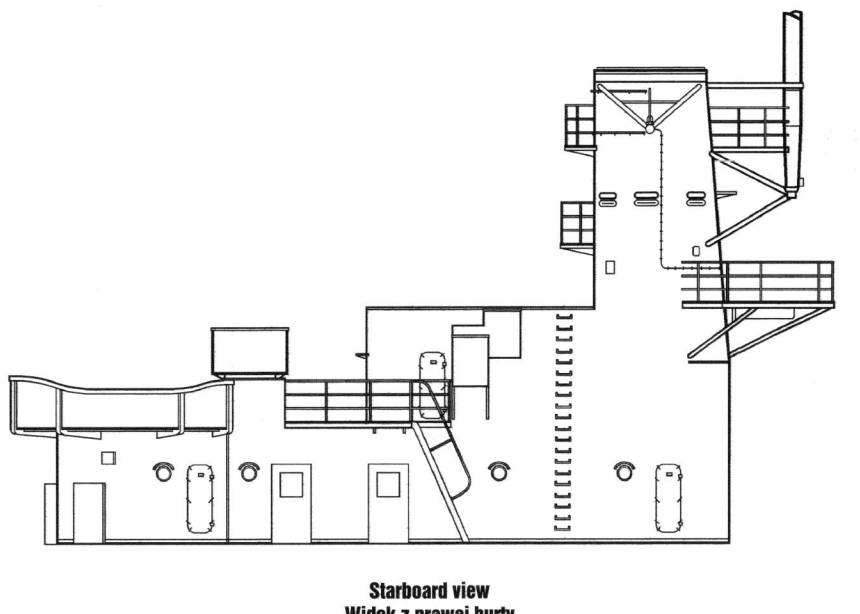

Starboard view
Widok z prawej burty

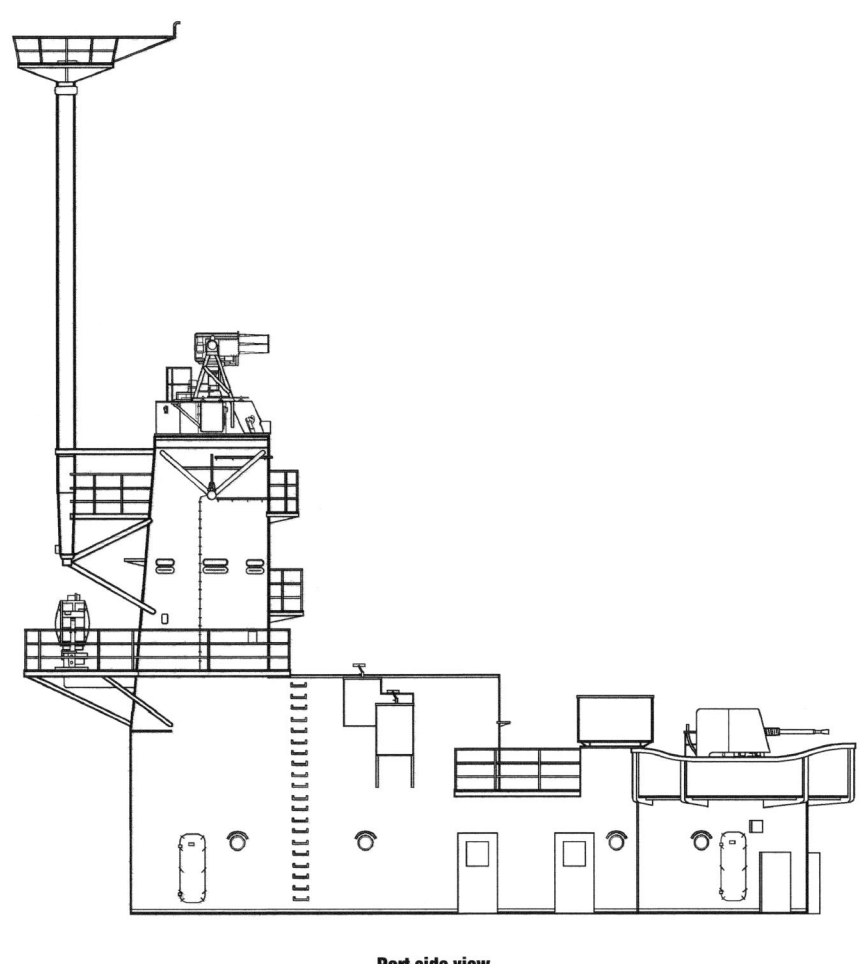

Port side view
Widok z lewej burty

www.kagero.eu
www.shop.kagero.pl

Scale/Skala 1:200

Sheet/Arkusz 18

Main artillery towers in bow section, 1944
Wieże artylerii głównej części dziobowej, rok 1944

TOPDRAWINGS
Drawings / rysował © Witold Koszela

USS California

Main artillery tower cal. 356 mm
Wieża artylerii głównej kal. 356 mm

Rear view
Widok od tyłu

Front view
Widok od przodu

Starboard view
Widok z prawej strony

Top view
Widok z góry

www.kagero.eu
www.shop.kagero.pl

Scale/Skala 1:200

TOPDRAWINGS
Drawings / rysował © Witold Koszela

USS California

Main artillery tower cal. 356 mm
Wieża artylerii głównej kal. 356 mm

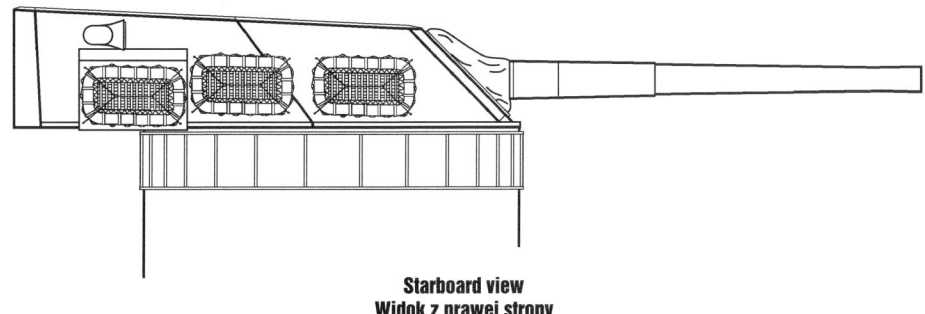

Starboard view
Widok z prawej strony

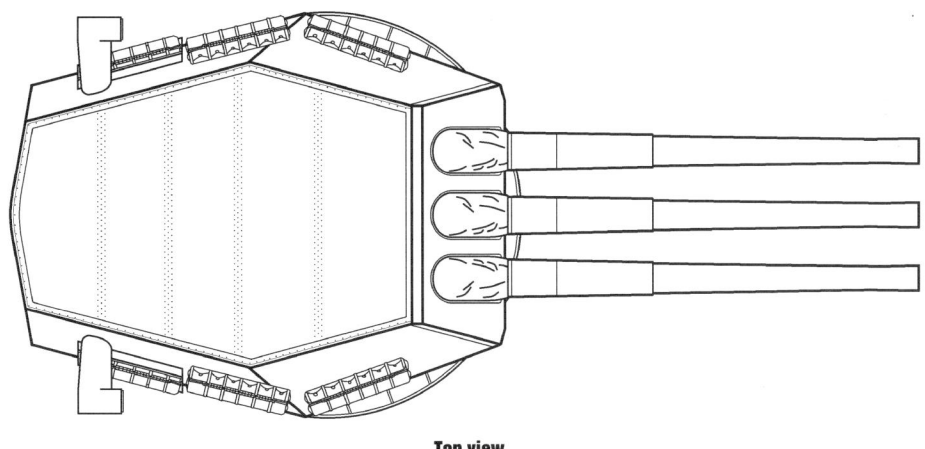

Top view
Widok z góry

Main artillery tower cal. 356 mm
Wieża artylerii głównej kal. 356 mm

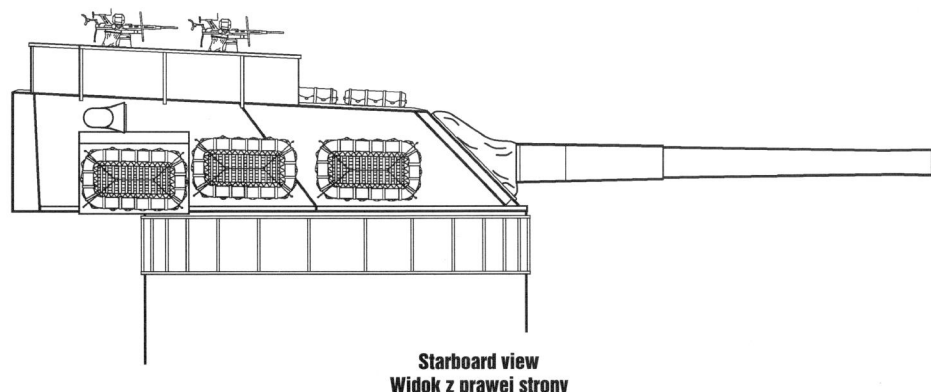

Starboard view
Widok z prawej strony

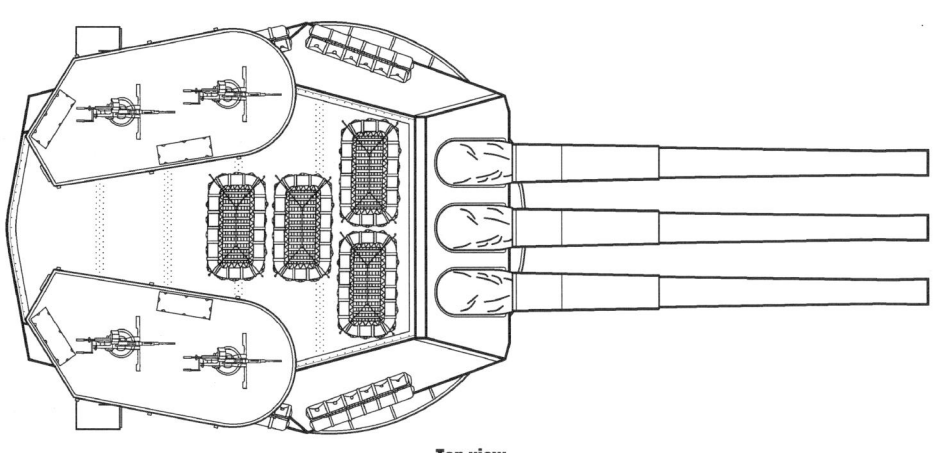

Top view
Widok z góry

www.kagero.eu
www.shop.kagero.pl

Scale/Skala 1:200

TOPDRAWINGS
Drawings / rysował © Witold Koszela

USS California

Medium artillery tower cal. 127 mm
Wieża artylerii średniej kal. 127 mm

Sheet/Arkusz 20

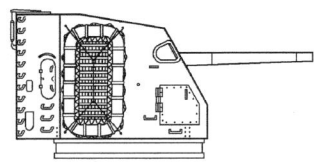

Starboard view
Widok z prawej strony

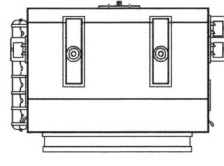

Front view
Widok z przodu

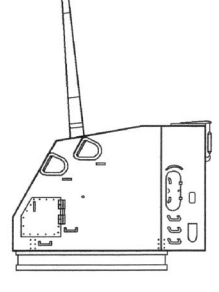

Port side view
Widok z lewej strony

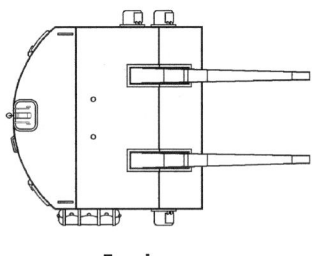

Top view
Widok z góry

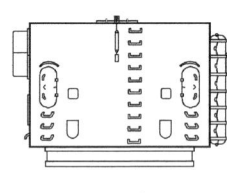

Rear view
Widok z tyłu

Quadruple set of cal. 40 mm Bofors AA guns
Poczwórny zestaw działek przeciwlotniczych Bofors kal. 40 mm

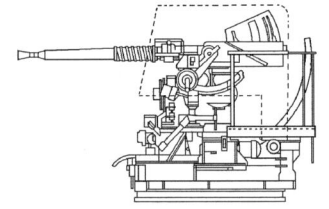

Port side view (cover taken odd)
Widok z lewej strony (osłona zdjęta)

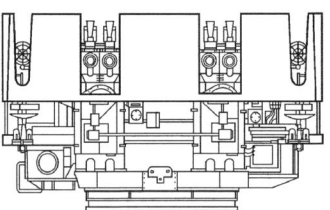

Front view
Widok z przodu

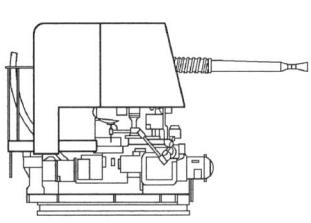

Starboard view
Widok z prawej strony

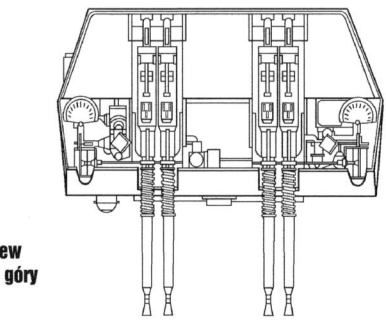

Top view
Widok z góry

Oerlikon cal. 20 mm AA gun
Działko plot Oerlikon kal. 20 mm

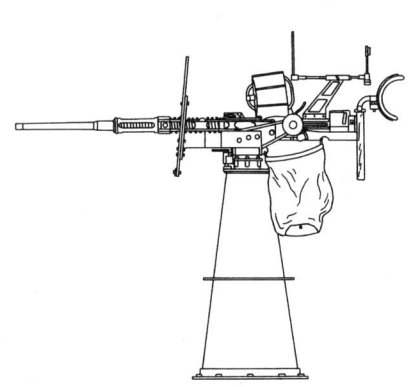

Port side view
Widok z lewej strony

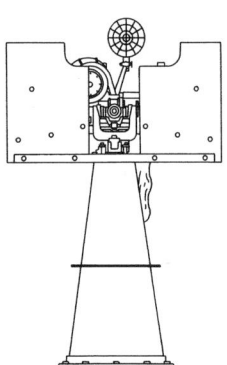

Front view
Widok z przodu

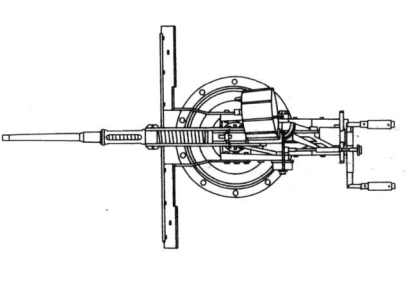

Top view
widok z góry

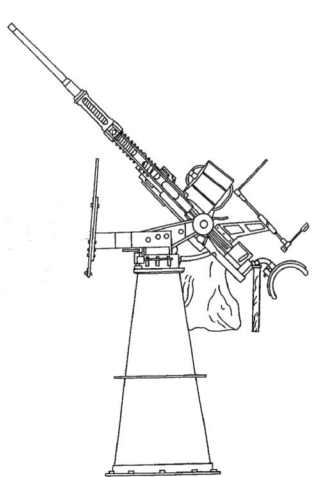

Oerlikon gun in maximum barrel ascension
Przy maksymalnym kącie podniesienia lufy

Medium artillery rangefinder Mk. 37 with Mk-4 radar antenna, 1944
Dalocelownik artylerii Średniej Mk-37 z anteną radaru Mk-4, rok 1944

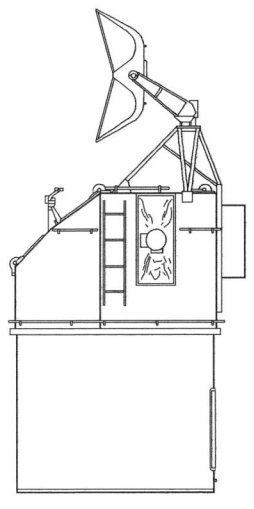

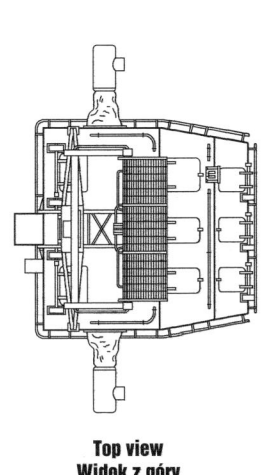

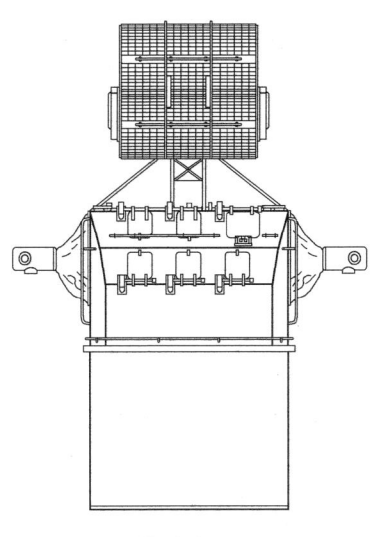

Port side view
Widok z lewej strony

Top view
Widok z góry

Front view
Widok z przodu

Medium artillery rangefinder Mk. 37 with Mk-12 radar antenna, 1945
Dalocelownik artylerii Średniej Mk-37 z anteną radaru Mk-12, rok 1945

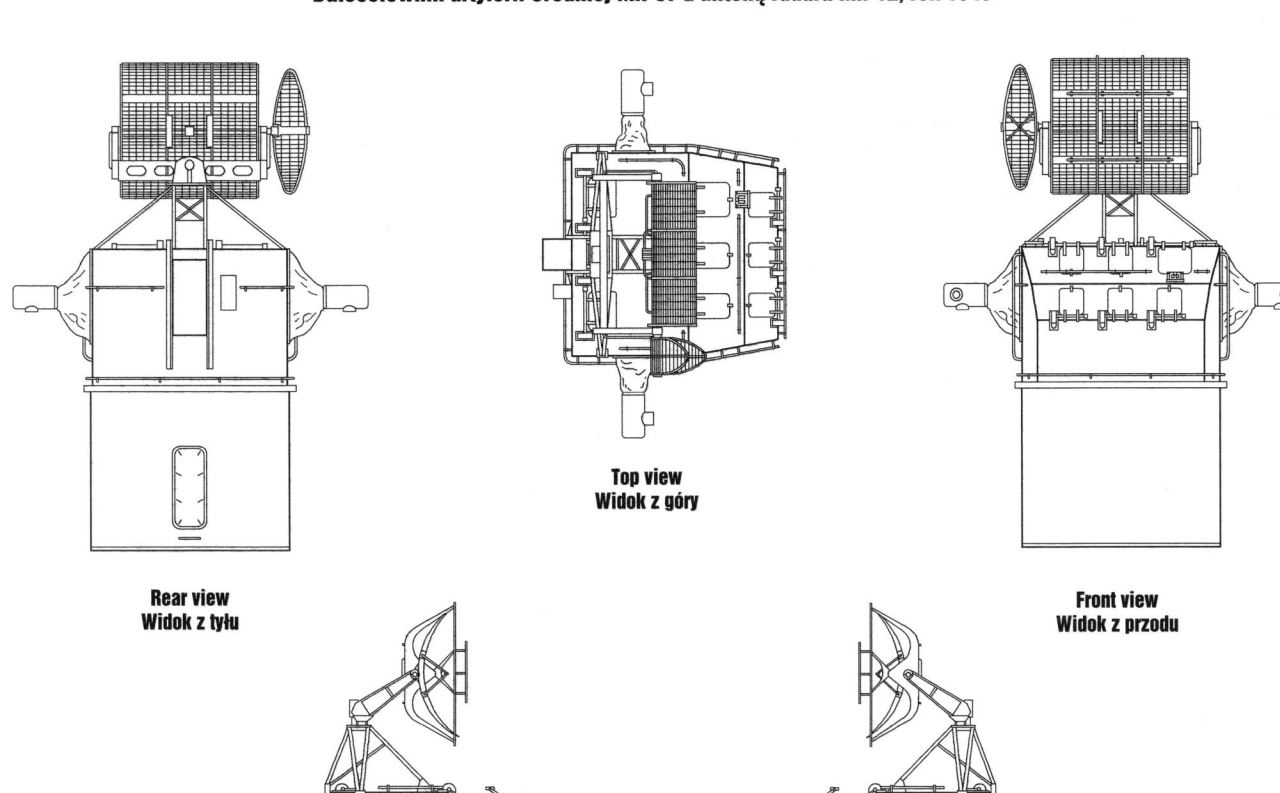

Rear view
Widok z tyłu

Top view
Widok z góry

Front view
Widok z przodu

Starboard view
Widok z prawej strony

Port side view
Widok z lewej strony

Drawings / rysował © Witold Koszela

USS California

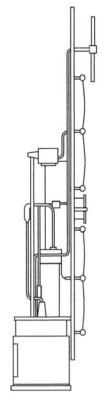

Dipoles arrangement, starboard view
Rozmieszczenie dipoli, widok z prawej strony

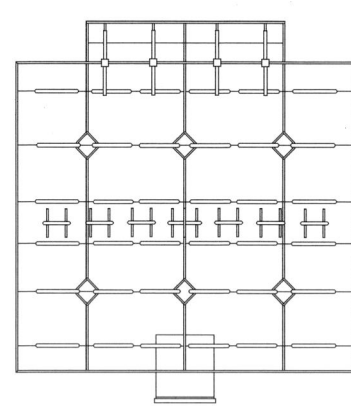

Dipoles arrangement, front view
Rozmieszczenie dipoli, widok z przodu

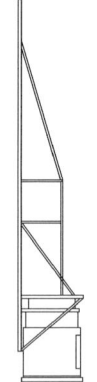

Construction frame, port side view
Rama konstrukcyjna, widok z lewej strony

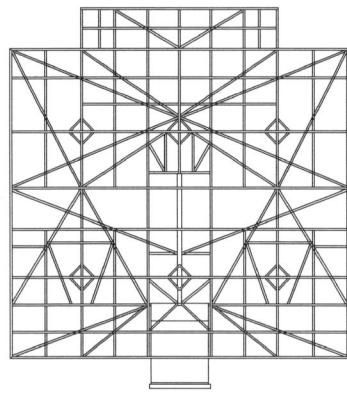

Construction frame, front view
Rama konstrukcyjna, widok z przodu

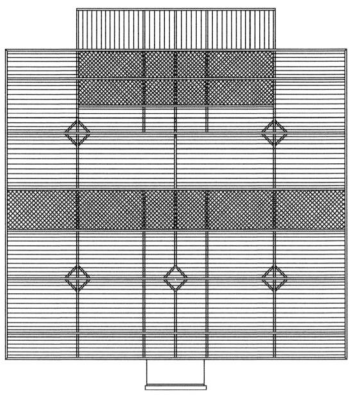

Wire mesh, front view
Siatka, widok z przodu

Deck lifeboat
Szalupa pokładowa

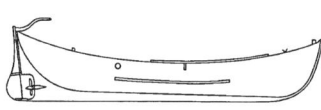

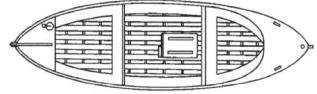

Trawl
Trał

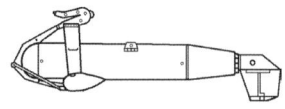

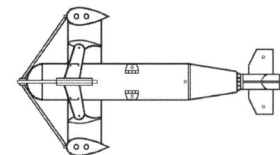